Dieses Schneider Buch gehört

_____

Geschenkt von

Das
Badewannen-Buch

Erzählt und illustriert von
Alfons Schweiggert

SCHNEIDER BUCH

CIP-Titelaufnahme der Deutschen Bibliothek

Schweiggert, Alfons:
Das Badewannen-Buch / erzählt u. ill. von Alfons Schweiggert.
– München : F. Schneider, 1990
  ISBN 3-505-04341-9
NE: HST

© 1990 by Franz Schneider Verlag GmbH
Frankfurter Ring 150 · 8000 München 40
Alle Rechte vorbehalten
Umschlagkonzeption: Heinz Kraxenberger
Titelbild und Illustrationen: Alfons Schweiggert
Herausgeber: René Rilz
Herstellung: Gabi Lamprecht
Satz: A. Huber GmbH & Co. KG, München
Druck: Staudigl-Druck, Donauwörth
ISBN: 3-505-04341-9

Am Abend zeigte meine Schwester auf das Badewasserabfluß-
loch in der Badewanne und fragte: „Was ist in dem Loch?"
„Ich weiß es nicht", antwortete ich ihr. „Ich will aber gerne nach-
sehen, wenn es dich beruhigt."

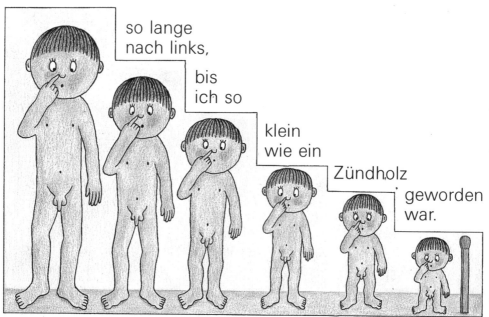

Danach ließ ich mich
von meiner Schwester
auf den Rand der Bade-
wanne heben. Ich sagte
zu ihr: „Auf Wieder-
sehen, Liebes." Dann
holte ich tief Luft und . . .

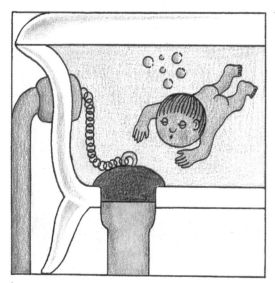

entfernte vorsichtig den Verschluß
und verschwand mit ein paar
Schwimmbewegungen in dem Loch.

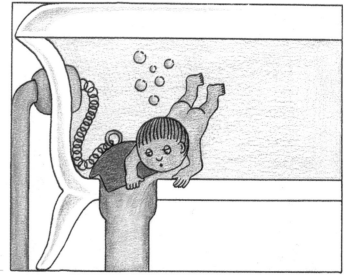

sprang kopfüber ins
Wasser. Ich tauchte bis
zum Grund der Wanne,

„Hier ist es aber stockdunkel", dachte ich. Ich wollte wieder aus dem Loch heraus, doch zum Umkehren war es bereits zu spät.

Mit großer Geschwindigkeit
rutschte ich
durch ein enges Rohr
mitten
durch die Weltkugel
hindurch.

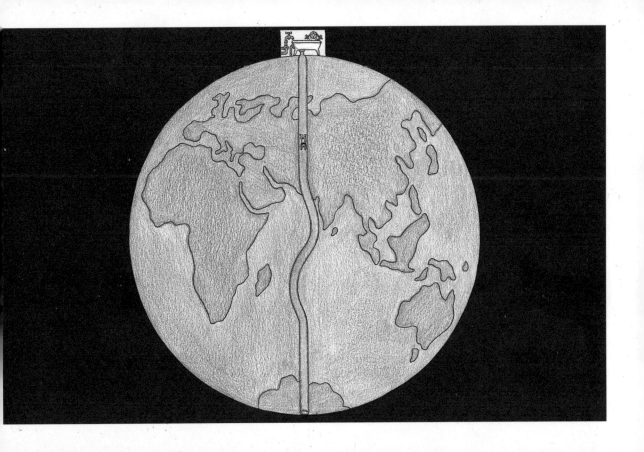

Am anderen Ende der Welt wurde es wieder hell. „Gott sei Dank", dachte ich und wollte bremsen. Es gelang mir jedoch nicht. Ich schoß in rasender Fahrt aus der Welt heraus und in den Weltraum hinein.

Im Weltraum
gefiel es mir

ausgezeichnet.
Das Fliegen

war dort sehr
angenehm.

Plötzlich kamen zwei
Astronauten des
Weges. „Guten Tag",
sagte ich, „wie geht
es Ihnen?" Sie gaben
keine Antwort. „Das
sind aber unhöfliche
Leute", dachte ich. Ich schaute mich um. Da erblickte ich den Großen
Bären. Er tapste brummend auf die beiden Astronauten und auf mich zu.

„Keine Angst", beruhigte ich die beiden, „keine Angst, es wird schon nichts passieren!"

Der Große Bär kam langsam näher.

Er stand jetzt genau unter dem Loch in der Erde, aus dem ich gekommen war.

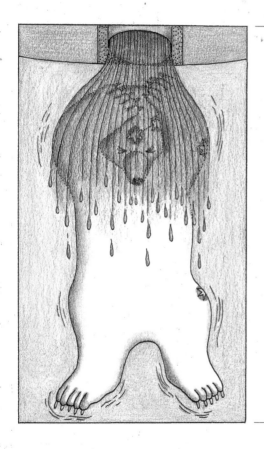

In diesem
Augenblick
schoß aus dem
Loch ein dicker Wasser-
strahl. Er durchnäßte den
Großen Bären bis auf die Haut.

„Verdammte Schweinerei", fluchte
der Bär, „das gibt bestimmt wieder

einen fürchter-
lichen Schnupfen!"

Er nieste zweimal,

drehte sich um und eilte, so
schnell er konnte, nach Hause.

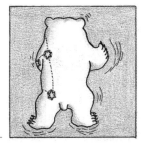

Wir waren gerettet!

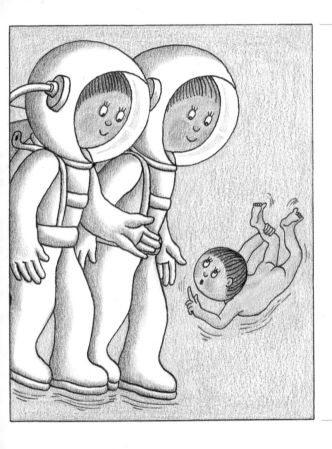

Die beiden Astronauten kamen zu mir. „Danken Sie", sagte ich, „nicht mir, danken Sie meinem Badewasser. Es hat den Großen Bären vertrieben."

Die Astronauten lachten und schenkten mir eine Kugelschreiberrakete. Ich bedankte mich und sagte: „Es tut mir leid, aber ich muß jetzt nach Hause. Meine Schwester erwartet mich."

Inzwischen war auch das Badewasser aus dem Loch herausgeflossen. Ich stieg in die Rakete,

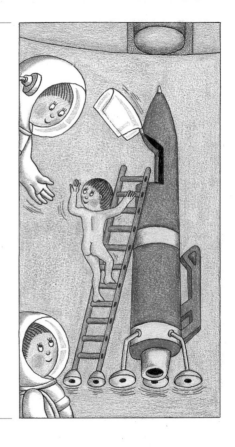

startete, flog in das Loch

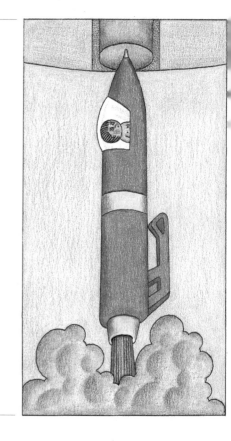

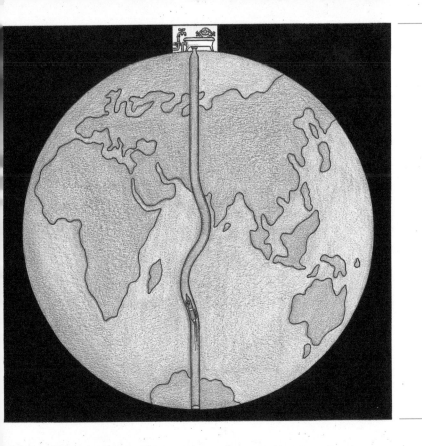

und
durch
die
Erde
zurück
nach
Hause.

Als meine Rakete durch das Abflußloch unserer Badewanne flog,

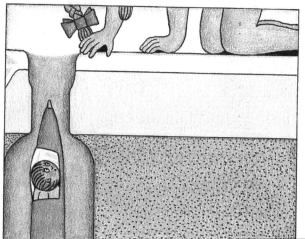

bumste sie gegen etwas
Weiches. „Au!" schrie meine
Schwester. Sie hatte sich unvor-
sichtigerweise genau über das
Loch gebeugt.

„Verzeih, Liebes", sagte
ich, „ich bin wieder da."

Dann drückte ich meine Nase so lange nach rechts, bis ich wieder so groß wie immer war.

Ich erzählte meiner Schwester alles, was ich auf meiner
Reise und im Weltraum erlebt hatte.

„Du siehst also", sagte ich am Ende meiner Geschichte, „Badewasser kann recht nützlich sein."

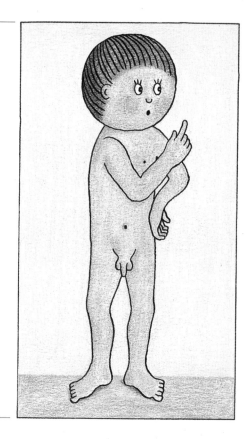

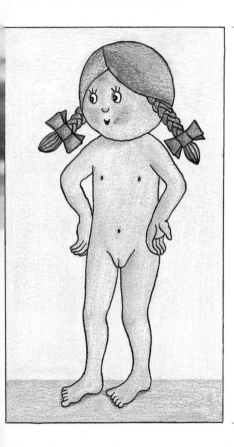

„Morgen", rief meine
Schwester, „werde ich
durch das Badewasser-
abflußloch in den Welt-
raum rutschen!"

„Das solltest du machen", sagte ich, „es lohnt sich bestimmt."

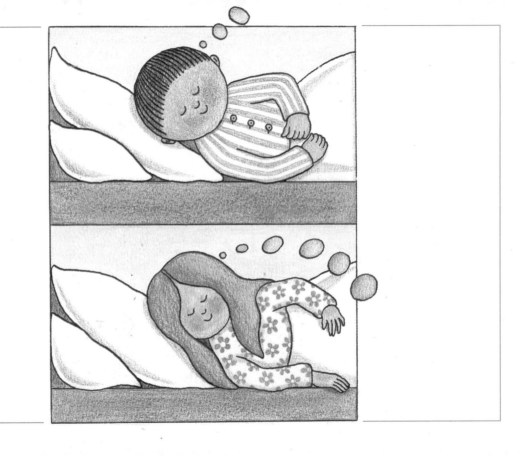